Marc LANGLAIS

COMMENT IL FAUT PRÉVENIR ET RÉPRIMER

Le Vagabondage

ET

La Mendicité

Préface de M. F. DUBIEF

Député, ancien Ministre,
Président de la Commission d'enquête pour la répression du vagabondage
et de la mendicité

PROJETS ET OPINIONS DE MM. :

M. Le Roux, directeur de la Maison de Nanterre; **Hippolyte Laroche**, député, ancien gouverneur général de Madagascar; **Henri Rollet**, avocat, président du Patronage de l'Enfance et de l'Adolescence; **Schmidt**, sous-directeur au Ministère des Colonies, chargé des services pénitentiaires; **Paul Peyssonnié**, avocat général près la Cour d'appel de Paris; **Maurice Ajam**, avocat, député de la Sarthe; **Pierre Mille**, homme de lettres; **Paul Peltier**, avocat à la Cour d'appel de Paris; **Cherouvrier**, directeur adjoint de l'Office colonial; **Buhot de Launay**, colon à Madagascar; **Louis Proust**, docteur en droit, juge au Tribunal de Tours; **Lantin**, directeur de la Maison centrale de Melun; **S. M. F. Leroy**, directeur principal des Colonies de Bienfaisance de l'Etat belge; **Paul Deschanel**, député, ancien président de la Chambre des députés; **Louis Paulian**, chef adjoint des Secrétaires-Rédacteurs à la Chambre des députés; **Lucien Descaves**, homme de lettres; **Jean Cruppi**, avocat, député de la Haute-Garonne, ministre du Commerce.

Editions de * * *
" L'Echo Littéraire

Prix : 0 fr. 75

Marc LANGLAIS

COMMENT IL FAUT PRÉVENIR ET RÉPRIMER

Le Vagabondage

ET

La Mendicité

Préface de M. F. DUBIEF

Député, ancien Ministre,
Président de la Commission d'enquête pour la répression du vagabondage
et de la mendicité

PROJETS ET OPINIONS DE MM. :

M. Le Roux, directeur de la Maison de Nanterre; Hippolyte Laroche, député, ancien gouverneur général de Madagascar; Henri Rollet, avocat, président du Patronage de l'Enfance et de l'Adolescence; Schmidt, sous-directeur au Ministère des Colonies, chargé des services pénitentiaires; Paul Peyssonnié, avocat général près la Cour d'appel de Paris; Maurice Ajam, avocat, député de la Sarthe; Pierre Mille, homme de lettres; Paul Peltier, avocat à la Cour d'appel de Paris; Cherouvrier, directeur adjoint de l'Office colonial; Buhot de Launay, colon à Madagascar; Louis Proust, docteur en droit, juge au Tribunal de Tours; Lantin, directeur de la Maison centrale de Melun; S. M. F. Leroy, directeur principal des Colonies de Bienfaisance de l'Etat belge; Paul Deschanel, député, ancien président de la Chambre des députés; Louis Paulian, chef adjoint des Secrétaires-Rédacteurs à la Chambre des députés; Lucien Descaves, homme de lettres; Jean Cruppi, avocat, député de la Haute-Garonne, ministre du Commerce.

Prix : 0 fr. 75

A MON BIEN CHER AMI

PAUL PEYSSONNIÉ

Si j'inscris votre nom en tête de cette plaquette, ce n'est pas parce qu'elle traite un sujet quasi-judiciaire, pouvant intéresser l'éminent magistrat que vous êtes; ce n'est pas non plus parce qu'elle est susceptible d'inspirer le poète Paul Sonniès, qui écrivit un jour la Prière du Chemineau !

Cette dédicace ne s'adresse ni au juge, ni au littérateur, mais à l'ami.

J'ai simplement voulu vous donner un nouveau et modeste gage de ma sincère reconnaissance et de mon affectueux dévouement.

M. L.

PRÉFACE

On se montre très préoccupé aujourd'hui de ces plaies sociales, que le monde porte au flanc et qui s'appellent le vagabondage et la mendicité.

Serait-ce qu'elles datent d'hier ?

Hélas ! non, puisque pour les criminalistes et les anthropologues de l'école italienne, le vagabondage ne serait qu'une régression, un phénomène d'atavisme, comme le besoin de déplacement des hordes primitives.

L'histoire du vagabondage remonte à l'époque de la légende et le mythe des Argonautes en est l'expression héroïque. Le docteur Pagnier rappelle qu'Hésiode, le poète des *Travaux et des Jours*, et Homère, dans l'*Odyssée*, ont relaté l'existence des vagabonds et des fainéants. Si 900 ans avant J.-C. le conseil des puissants était de les accueillir et de leur donner l'hospitalité, plus tard, les lois germaniques permirent de mettre à mort le « Wargus », errant hors des confins de la tribu, et depuis lors jusqu'à nos jours, les édits ont succédé aux édits et les lois aux lois, mais le mal est resté tout en se transformant et en s'adaptant aux formes nouvelles de la civilisation.

S'est-il aggravé et est-il devenu plus menaçant pour le corps social ? On le croirait à lire ce qu'ont écrit de nombreux auteurs à ce sujet et à constater les préoccupations du Parlement.

Mais, pour l'étude de ce problème, et en vue des solutions qu'il comporte, la science nous fait un devoir de reconnaître, comme le dit M. le docteur Marie (de Villejuif) « qu'avant de relever de la législation ou de l'économie politique, les vagabonds relèvent de la psychologie. »

Il y a vagabonds et vagabonds, « les causes du vagabondage, dit le docteur Pagnier, sont des causes individuelles et surtout sociales, auxquelles s'ajoutent peut-être des causes d'évolution sociale qui font du vagabond représentant de la tendance nomade primitive un type spécial qui se modifie avec la civilisation. »

La vérité est que « dans la foule extra-sociale se trouvent confondus sous la même appellation juridique, les individus les plus divers venus des milieux les plus dissemblables. »

Il y a d'abord toute une catégorie de vagabonds et de mendiants : chômeurs, infirmes, vieillards et enfants, qui sont sous le coup d'une cause économique commune : la misère ! et qui, pour être des vagabonds ou des mendiants occasionnels, n'en portent pas moins souvent une tare mentale qui a déterminé leur condition.

Parmi les déserteurs de nos armées, que d'épileptiques, d'hystériques et de faibles d'esprit ! Combien de vagabonds, mendiants ou non, subissent l'impulsion irrésistible qui leur fait « prendre la route ! »

L'automatisme ambulatoire, dans l'obnubilation de la conscience est de constatation scientifique et les exemples sont nombreux !

Combien, en un mot, relèvent de l'asile parmi les malheureux qui viennent échouer dans les prisons et sur lesquels frappe à coups redoublés la vindicte publique ! Déments précoces et déments séniles, maniaques, mélancoliques, mystiques, persécutés, dégénérés, traumatisés et intoxiqués, autant d'aliénés que l'on trouve chez les vagabonds !

A ceux-là, le devoir d'humanité et de solidarité sociale commande de donner protection et assistance.

Vient ensuite un autre groupe de vagabonds : celui des ouvriers toujours sans travail, amoureux du grand air et du libre espace, élus de la paresse et candidats au vice, qui s'en vont par monts et par vaux, à l'exemple du chemineau de J. Richepin :

> Roulant en vagabond la grand'route et l'aimant,
> Travaillant pour manger tout juste et qui préfère
> Quand c'est son goût, ne rien manger et ne rien faire.

A ceux-là qui sont la terreur de nos campagnes, et forment les bataillons de réserve du crime dans nos villes, la société a le droit de demander des comptes et d'imposer l'obligation du travail, en vue d'un redressement possible.

Il existe enfin une autre classe, c'est celle des vagabonds d'origine ethnique. Ils apparaissent dans les migrations préhistoriques et les grandes invasions par activité guerrière, et, plus tard, par mysticisme collectif comme au temps des Croisades. Aujourd'hui, ce sont des romanichels dont les bandes circulent, prélevant sur leur route l'impôt de la peur.

L'étude sur la répression du vagabondage et de la mendicité de M. Marc Langlais est une intéressante contribution au grave problème dont s'émeut le monde des médecins, des juristes et des législateurs, et qui doit trouver sa solution dans un double régime d'assistance et de préservation.

L'auteur est séduit par le projet du distingué directeur de la maison de Nanterre, M. Le Roux, qui voudrait « des chômeurs volontaires » faire « les volontaires de la colonisation » et il interroge tout autour de lui les hommes les plus compétents. D'une seule voix, tous répondent : « Idée séduisante et humanitaire, mais détestable moyen ; épargnez à nos colonies un si funeste cadeau ! »

« Que faire alors ? » interroge M. Marc Langlais, et il poursuit son enquête, dans de nouvelles interviews et par l'examen de ce que font les peuples voisins — notamment les Belges — pour conclure comme nous-même : à la suppression du vagabondage et de la mendicité et à l'assainissement de nos villes et de nos routes, par la maison de refuge et par la maison de travail.

Le régime de la répression brutale et inhumaine a fait faillite ; la prison a été aussi impuissante à protéger qu'à redresser. Le salut est dans l'assistance préservatrice et dans le travail moralisateur.

F. DUBIEF,
Député, ancien Ministre,
Président de la Commission d'enquête
pour la répression du vagabondage
et de la mendicité.

L'Impôt des Vagabonds.

L'armée des écumeurs des champs et des routes s'accroît sans cesse ; les crises industrielles, les incessants conflits du travail augmentent chaque jour le nombre des errants, en quête du pain quotidien.

Et, ouvriers sans travail ou prétendus tels, trimardeurs, vagueurs, roulottiers, vagabonds, parcourent les campagnes, obsédant les ruraux par leurs demandes de secours, souvent impérativement formulées, et suivies d'injures ou de coups, lorsqu'on refuse ou que l'aumône paraît insuffisante.

Des déprédations de toutes sortes sont commises : jeunes plants arrachés, arbres mutilés, portes de caves défoncées, barrières éventrées, meules et granges incendiées.

Ce sont là les protestations des mécontents. D'ailleurs, l'hospitalité, même quand elle est accordée de bon cœur, est généralement mal récompensée par ceux qui la reçoivent. S'il convient de flétrir la conduite égoïste des mauvais riches, il est juste de reconnaître combien sont peu intéressants les mauvais gueux !

L'audace de ces derniers devient excessive. Ils se rient des gardes champêtres et des gendarmes et, encouragés par l'extraordinaire indulgence de certains magistrats, assurés d'une impunité presque absolue, ils se livrent à toutes les rapines, commettent tous les méfaits et terrorisent nos populations rurales, justement effrayées par les vols et les crimes de toutes sortes.

Laissant de côté les exactions de ces pirates du grand chemin, si nous considérons seulement le lourd tribut qu'ils font payer aux habitants des campagnes, nous trouvons que cette imposition extraordinaire s'élève annuellement à *quarante millions.*

En effet, la statistique nous apprend qu'il y a en France quelque chose comme quatre cent mille (400.000) vagabonds, vivant de rapines et de mendicité. En admettant que chacun de ces individus se procure de gré ou de force 0 fr. 30 par jour — et nous sommes au-dessous de la vérité — cela fait 100 francs par an, soit donc au minimum quarante millions pour la masse des trimardeurs !

Assistance et Répression.

De nombreux sociologues ont étudié cette importante question de la répression du vagabondage et d'aucuns estiment qu'on pourrait en procédant avec de l'ordre et de l'esprit de suite, arriver à la résoudre sans une forte dépense.

Il conviendrait de distinguer :

1° Les indigents qui ne peuvent pas travailler : enfants, vieillards et incurables ;

2° Ceux qui peuvent travailler, mais qui sont sans emploi ;

3° Ceux qui peuvent travailler, mais qui préfèrent vivre d'expédients (mendiants professionnels, roulottiers, battandiers, cocantins, défleurisseurs de picouses, batousiers, siveurs, verdouziers, goureurs, etc.) (1).

---

(1) *Ballandiers.* Mendiants errants suspendus aux sonnettes de toutes les habitations « battantes » en argot.

Cocantins. Individus s'occupant d'écouler à vil prix des titres sans aucune valeur.

Défleurisseurs de picouses. Voleurs de linge étendu sur les haies « pi-

L'Assistance publique assurerait l'existence des vieillards et des incurables ; la Bienfaisance privée donnerait du travail aux hommes de bonne volonté ; quant aux professionnels de la mendicité — ce sont les plus nombreux — ils seraient exposés aux rigueurs de la loi qu'il conviendrait d'appliquer avec indulgence pour les malheureux suceptibles de s'amender et avec sévérité pour les incorrigibles.

C'est ainsi qu'on procède en Belgique où la loi du 27 novembre 1891 a inauguré un nouveau système de répression dont les effets sont remarquables. En dix ans, en effet, le nombre des vagabonds a diminué de 35 %, et le chemineau a complètement disparu.

En 1905, à Liège, au Congrès international des œuvres de patronage, on étudia longuement la question du patronage des mendiants et des vagabonds, de ces « ontlaws » que l'on doit s'efforcer de régulariser pour les préserver des abîmes plus profonds ouverts au bord de leur route, car de la mendicité au vol et du vol au crime, il n'y a qu'un pas à franchir !

Les devoirs de la société ont été nettement déterminés : le premier, par le souci de la sécurité publique, la *répression* du vagabondage et de la mendicité d'habitude ; l'autre, par un sentiment de justice et d'humanité, l'*assistance* aux mendiants et aux vagabonds occasionnels.

Plus le départ sera net entre les deux grandes classes des Sans-Travail, plus il sera facile d'approprier les secours et d'arriver à une plus juste répartition des ressources charitables.

---

couses ». Ce linge est vendu aux recéleurs ambulants connus sous le nom de « meuniers roulants ».

Batousiers. « Batouse » veut dire toile. Les batousiers qui opèrent dans les pays où se trouvent les usines de tissage et où l'on étend sur les prés les tissus fabriqués, sont des défleurisseurs de picouse spécialistes.

Siveurs. Ce sont des voleurs de poules « sives » et de lapins.

Verdousiers. Voleurs de verdure, fruits, légumes, etc., qui sont légion aux environs des grandes villes.

Goureurs. « Gourer » veut dire tromper. Le goureur est le faux marin qui vend comme objets de Chine et du Japon des bibelots sans valeur, l'employé malheureux qui vend cinquante francs sa montre en or laquelle est en cuivre et vaut cent sous ! Le goureur est le colporteur malhonnête, le colporteur exploiteur.

En combattant les professionnels de la mendicité, on servira les occasionnels, les pauvres honteux, les malheureux véritables.

On répute le vagabondage : délit, quand il est un fait continuel dans la vie de son auteur. En bonne justice, il ne devrait pas y avoir délit lorsque le vagabond est inapte au travail.

Le mendiant ou le vagabond est-il valide ou invalide ? Telle est la première question qui doit être posée. Et de la réponse dépendra soit la répression, soit le mode d'assistance.

S'il s'agit d'invalides, si la mendicité n'est que la conséquence fatale et logique de l'incapacité physiologique du sujet, une institution d'assistance dont le caractère sera purement hospitalier, assurera l'existence de ces malheureux.

Pour les valides, il faut trouver une organisation qui leur procure du travail tout en répondant aux différents cas qui peuvent se présenter ; les valides pouvant être réduits à la mendicité et au vagabondage par trois ordres de faits :

Soit du fait de leur personne : *paresse.*

Soit du fait de leur famille : *misère.*

Soit du fait de leur métier : *chômage.*

Au paresseux valide, il ne faudrait ni le dépôt de mendicité, ni la maison d'arrêt, mais il faudrait créer par région et par profession, des établissements spéciaux — colonies agricoles ou industrielles — où chacun serait initié à un métier ou perfectionné dans le métier qu'il exerce.

A la misère familiale, on opposerait : l'assistance directe, l'asile gratuit pour les enfants en bas âge, toutes les mesures permettant à la mère de recouvrer le gagne-pain de la famille.

Enfin, contre le chômage et les risques professionnels résultant de la loi de l'offre et de la demande, on lutterait par le secours de route, l'information professionnelle et l'assistance par le travail.

En résumé on enverrait le vagabond invalide à l'hospice, le valide délinquant à la colonie industrielle ou agricole et au valide occasionnellement sans travail on accorderait une assistance momentanée.

Voilà quelles furent les résolutions du Congrès de Liège,

tendant à combattre et à prévenir le vagabondage, plaie de nos campagnes.

N'y aurait-il pas un autre moyen plus sûr et plus économique de débarrasser la France de tous les trimardeurs incorrigibles, de tous les roulottiers que l'occasion fait voleurs ou assassins, et pour qui nous payons ce lourd impôt annuel de quarante millions ?

On pourrait peut-être organiser une œuvre de colonisation dont je tracerai brièvement les grandes lignes.

Projet Le Roux.

Ce qu'on pourrait faire des « Chômeurs volontaires »; les « Volontaires de la Colonisation ».

J'ai étudié très minutieusement, il y a quelques mois, le fonctionnement de l'Asile départemental de la Seine, de cette maison de Nanterre, si injustement critiquée, si merveilleusement tenue, et qu'on pourrait appeler l'Asile national, car sur les quatre à cinq mille hospitalisés qui s'y réfugient à certaines époques, il y en a près de trois mille qui viennent des quatre coins de la France.

Au cours de mes fréquentes visites à Nanterre, je m'étonnai souvent du nombre d'hommes jeunes et valides rencontrés dans l'établissement et j'eus à ce sujet diverses conversations avec M. Le Roux, son directeur, qui m'exposa longuement ses idées au sujet de ce qu'on devrait faire en faveur des *chômeurs volontaires*. Les voici fidèlement rapportés :

— Je reconnais, dis-je, qu'une capitale comme Paris a l'obligation de pouvoir donner un asile momentané à des gens jeunes et valides, qui se trouvent sans ressources pour une cause quelconque (faillite du patron, maladie, chômage, etc.).

Mais n'est-il pas inadmissible qu'on garde pendant des années, des hommes jeunes et vigoureux, assez paresseux pour préférer la vie et le travail semi-pénitentiaires au travail et à la vie libres et qu'on les laisse faire dans vos ateliers, une concurrence injuste aux vrais travailleurs et parfois une concurrence déloyale ?

— Hélas ! me dit M. Le Roux, la société veut faire la part du feu ; elle préfère héberger nombre de gaillards, généralement peu dangereux, plutôt que de les laisser rôder et commettre des vols journaliers...

Remarquez que pour la plupart, ces individus sont fort dégoûtés de l'existence qu'ils mènent. Ils expriment volontiers, en termes ingénus, l'idée suivante :

« On devrait nous emmener loin, bien loin d'ici, au lieu de nous mettre à Nanterre, de façon à ce que nous ne retrouvions plus, quand nous sortons, les mauvais sujets (sic) qui fréquentent les endroits où vont les malheureux comme nous ! et surtout pour que nous trouvions des patrons qui ne nous demandent pas tant de renseignements avant de nous faire travailler ; et puis, en France, il y a les bars, les femmes et l'absinthe !... »

Il est évident que des milliers de dévoyés qui font la navette entre la rue, le dépôt et Nanterre, ou entre les brigades de gendarmerie et les dépôts de mendicité, dépensent en quelques jours le pécule amassé, quand ils demandent leur libération et sont vite forcés de recourir aux rapines, de solliciter une autre période d'hospitalisation.

Il est hors de doute que beaucoup de ces malheureux font l'aveu de leur manque d'énergie, reconnaissent la presque impossibilité de se réhabiliter en France, voient autour d'eux, des individus qu'ils appellent eux-mêmes, de très bonne foi, des « mauvais sujets » et qu'ils sentent très bien que leur sauvetage ne peut être opéré que par un pouvoir supérieur qui les enlèverait à Paris, à la France même, à toutes les mauvaises habitudes. J'ai presque prononcé le mot : Il faut, à ces gens-là, une *transplantation aux Colonies*...

— Ignorez-vous donc que tous les pontifes de la colonisation ont écrit en substance : « Rien à faire dans les Colonies

« de population pour de tels gens ; rien à faire non plus
« pour eux dans les autres Colonies, parce que nous n'avons
« besoin que de très peu d'ouvriers industriels de culture,
« plutôt même des chefs d'ouvriers de culture, des gens pos-
« sédant au moins 5.000 fr. au moment de leur embarque-
« ment. »

— Tout cela, nous ne l'ignorons pas, mais nous préten-
dons, malgré tout, que c'est par une transplantation aux
Colonies qu'on trouvera la solution de cette grave question.

— Ce sera une sorte de relégation ?

— Non pas ; entendons-nous bien sur la nature de cette
transplantation aux Colonies. Il ne saurait être question le
moins du monde de donner à cette organisation un caractère
de mesure répressive, mais tout simplement de faciliter l'accès à un autre genre d'existence à des gens qui ne sont plus
dans les conditions indispensables pour gagner leur vie en
France.

Il s'agit donc d'organiser une *Œuvre privée* en vue de favoriser les *volontaires de la colonisation*. Et c'est aux coloniaux à nous tendre la main ! C'est à eux de chercher avec
nous, où et comment pourraient être utilisés des hommes
valides, peu dangereux, ayant presque tous un métier, et qui
n'arriveraient point du tout aux Colonies comme des condamnés ou des relégués, mais comme des gens libres et simplement *assistés*. Car ce qu'il faut que les coloniaux comprennent bien, c'est que nous ne leur demandons ni argent,
ni travail administratif.

L'Œuvre des volontaires de la colonisation tiendrait ex-
pressément à ce que ses protégés partissent dans les conditions suivantes :

Le *postulant* (car il s'agit d'une faveur accordée à des dévoyés résolus à se relever), s'engagerait à ne jamais solliciter
le rapatriement gratuit. Loin d'être transporté par la marine
de l'Etat, ce qui coûte fort cher, le colon protégé s'en irait
librement dans la classe le meilleur marché de la marine
marchande.

— Mais comment vivrait-il à son arrivée ?

— Le franc qu'il coûte par jour pour son entretien à la Maison de Nanterre ou dans tout autre établissement où il est
impossible de se relever, le colon protégé le coûterait égale-

ment aux Colonies : comme vivres, vêtements, outils, distribués par l'Administration coloniale ; mais la différence capitale dans les résultats, c'est que si tous les jeunes dévoyés assistés en France dans les établissements de travail sont définitivement perdus par tous les vices, par la tuberculose, l'ivrognerie, il y en aura au contraire certainement quelques-uns qui se sauveront aux Colonies ; même si le déchet est très important, il sera toujours moindre qu'en France.

*
**

L'idée de M. Le Roux est simple et pratique. En résumé, en dépensant vingt sous par jour par hospitalisé jeune et valide, les départements ou l'Etat font une perte certaine irrémédiable et qui ne peut profiter à personne, tandis qu'en dépensant la même somme aux Colonies, un certain nombre et peut-être même beaucoup de malheureux seront sauvés. Bien entendu, les allocations de vivres, vêtements et outils seraient suspendues ou supprimées lorsqu'il y aurait lieu.

Dans quelle colonie devrait-on commencer à envoyer des volontaires ? L'examen de cette question appartient aux spécialistes, mais il faut écarter tout d'abord les colonies pénitentiaires comme la Nouvelle-Calédonie et la Guyane et, suivant M. Le Roux, il semble qu'on ne puisse songer qu'à Madagascar qui, bien que colonie de population, paraît réunir toutes les conditions voulues pour recevoir les colons volontaires.

Il faudrait que leur transport fût très bon marché et n'eût aucun caractère de contrainte. Tout doit contribuer à montrer aux intéressés qu'on ne les regarde pas comme des malfaiteurs.

Le directeur de la Maison de Nanterre a la conviction que ce grand voyage maritime, la vue d'une nature ignorée de presque tous, l'absence de tout ce qui, en France, les fait retomber dans les mêmes fautes, rénoveraient l'âme du plus grand nombre de ces malheureux égarés.

Plus tard, pour compléter cet ensemble de mesures, il faudrait inscrire dans la loi sur la prostitution qui sera certainement votée, un article relatif à l'organisation du volontariat féminin de la colonisation.

Dans la réussite de cette œuvre, tout dépendrait de la bonne organisation de ses débuts. Si on pouvait obtenir que les premiers colons protégés ne soient pas malheureux et reforment, comme cela a eu lieu aux débuts de la colonisation australienne, une société élémentaire ; si les journaux tenus au courant des progrès de l'œuvre, exposent ses bons résultats, on verra un grand nombre de gens incapables de gagner leur vie en France, bien que jeunes et valides, solliciter leur transplantation aux Colonies, sans espoir du retour.

C'est en effet le caractère définitif de cette émigration qui doit servir de base au projet.

La Transplantation aux Colonies
est-elle pratique ?

L'idée de M. Le Roux me sembla des plus intéressantes. Je l'exposai en deux articles que j'ai résumés ci-dessus et qui parurent en de nombreux journaux ; puis, désirant savoir si ce projet séduisant était pratique, j'interviewai de nombreuses personnes ayant qualité pour me donner leur opinion : hommes politiques, coloniaux, magistrats, avocats, etc... On trouvera ci-dessous leurs opinions.

M. Le Roux ayant proposé Madagascar comme lieu de relégation volontaire, je m'adressai tout d'abord à l'ancien gouverneur général de cette colonie.

OPINION DE M. HIPPOLYTE LAROCHE
Député de la Sarthe,
ancien Gouverneur général de Madagascar.

On m'avait autrefois demandé mon avis sur l'opportunité d'utiliser la main-d'œuvre pénitentiaire à Madagascar, c'est-à-dire d'envoyer des condamnés de la Métropole faire du service comme travailleurs dans la grande île.

J'ai dû émettre un avis défavorable et j'émets également un avis défavorable à l'envoi d'individus de la catégorie de ceux que vous appelez « *chômeurs volontaires* ».

J'admets, sans doute, qu'un petit nombre des uns et des autres, heureusement influencés par le changement d'air, par la nouveauté des conditions de la vie dans le pays lointain où on les conduirait, pourrait fournir à l'œuvre entreprise par la France une collaboration honorable et utile. Mais en regard de ce petit nombre, la presque totalité formerait à Madagascar une armée de forbans, mille fois plus dangereuse là-bas qu'elle ne peut l'être ici, car dans ces vastes territoires, nous n'avons presque pas de police et les crimes sont le plus souvent assurés de l'impunité.

Certains colons, recrutés dans des milieux moins suspects que ceux des repris de justice ou des chômeurs volontaires, profitent de cette impunité pour se livrer à tous les attentats contre les indigènes sans défense.

A quoi ne doit-on pas s'attendre de la part des chômeurs volontaires ou des repris de justice, qui seraient expédiés à la suite des colons ?

Votre sollicitude ne se trompe pas, lorsqu'elle espère que certains chômeurs volontaires, placés sous un climat à peu près salubre, en présence d'un gain relativement facile à conquérir sans trop d'efforts, et soutenus par le bon exemple et les encouragements d'une administration paternelle, renonceraient après leur débarquement à Madagascar, aux habitudes de fainéantise contractées en France.

Mais aucune de ces conditions se réaliserait-elle pour eux ? Le climat de Madagascar est loin d'être partout d'une salubrité parfaite ; les moustiques, le paludisme, la chaleur, les accès de fièvre auxquels on est sans cesse exposé sur le littoral et parfois même dans les parties les moins malsaines, c'est-à-dire sur les hauts plateaux, rebutent les travailleurs et dépriment leur activité avec leurs forces.

La rémunération à attendre du travail régulier est médiocre dans ce pays généralement pauvre ; enfin il ne faut pas compter sur les encouragements et l'aide d'une administration paternelle, l'administration étant réduite à très peu de fonctionnaires, *pratiquement hors d'état*, même avec la meilleure volonté, de guider et de patronner leurs compatriotes dispersés à de grandes distances et appliqués à des entreprises très diverses.

En résumé, je suis persuadé que l'expatriation à Madagascar de la masse des chômeurs volontaires demeurerait sans profit pour les neuf dixièmes d'entre eux, et serait *un épouvantable fléau pour la colonie*.

La colonisation est une source de dépenses terribles en même temps qu'une source de hontes pour la mère-patrie, lorsqu'au lieu d'être pratiquée par des sujets d'élite, elle l'est par des hommes formant les rebuts ou les déchets de la société.

OPINION DE M. HENRI ROLLET

Avocat à la Cour d'appel,
Président du Patronage de l'Enfance et de l'Adolescence.

L'idée de relever, en les envoyant aux Colonies, les malheureux dévoyés, encore jeunes et valides, qui viennent échouer à la Maison de Nanterre, est belle et généreuse ; mais je crains qu'en pratique elle ne se heurte à des difficultés insurmontables.

J'y vois deux difficultés principales : l'une qui tient à la nature même des malheureux que l'on veut sauver, l'autre qui dépend de la situation existant actuellement dans les colonies françaises.

Pour réussir aux colonies, que faut-il en effet avant tout ? de l'énergie et une bonne santé. Or c'est justement le manque d'énergie qui a empêché les pensionnaires de Nanterre de réussir dans la métropole, et ces pauvres épaves de la vie n'ont plus, bien souvent, qu'une constitution épuisée par la misère et aussi par les excès alcooliques.

Transplantés aux colonies, il est fort à craindre que ces malheureux, dès que l'État cessera de les assister, ne se découragent en présence des luttes et des efforts qu'ils devraient soutenir pour réussir,et ne réclament impérieusement ce rapatriement qu'en principe ils ne devraient jamais demander.

D'autre part, dans nos colonies françaises (au Canada, par exemple, on n'aurait pas les mêmes obstacles), dont le climat n'est pas meurtrier pour les Européens, la main-d'œuvre indigène est suffisante. On y demande, non des ouvriers, mais des contremaîtres et des capitaux.

Or, combien de vos pauvres diables auraient l'étoffe d'un contremaître ! et pour les capitaux, il ressort de leur situation même qu'ils en sont complètement dépourvus.

J'ai déjà essayé inutilement de trouver des situations convenables aux colonies pour des jeunes gens ayant reçu une bonne éducation, pourvus de diplômes d'écoles d'agriculture.

Combien ce sera plus difficile encore quand il s'agira de mendiants et de vagabonds !

Dans certains cas isolés, on pourra, je crois, aider utilement à s'expatrier des individus qui le désireront sincèrement et auront encore une certaine somme d'énergie, mais je ne pense pas que, d'une manière générale, on puisse assurer par ce moyen le relèvement des malheureux que leur faiblesse de volonté, leurs mauvaises fréquentations, etc., ont fait tomber à la charge de la société.

OPINION DE M. SCHMIDT

Sous-Directeur au Ministère des Colonies, chargé des services pénitentiaires.

Vous voulez bien me faire l'honneur de me consulter au sujet de la question des « *chômeurs volontaires* » qui se trouve soulevée dans votre si intéressante notice, relative à la Maison de Nanterre, et vous avez l'amabilité de faire appel à l'expérience modeste que j'ai pu acquérir au cours d'une carrière déjà longue.

Je ne vous dissimulerai pas, de prime abord, que ce sont

justement mes fonctions qui me gênent le plus pour vous répondre, les fonctionnaires devant s'abstenir de prendre part à toute discussion, même théorique, dans les journaux.

Aussi, tout en me mettant à votre entière disposition pour vous exposer d'une manière aussi complète que possible mon appréciation et aussi, hélas ! mes objections sur les chances éventuelles de réussite de la colonisation par les « chômeurs volontaires », je dois me borner ici à vous exposer tout à fait officieusement que cette question, qu'il serait sans nul doute intéressant et désirable de voir solutionner au gré de vos désirs, soulèverait en fait dans la pratique une foule de complications dues à la constitution particulière ainsi qu'au régime économique et financier de nos colonies ; il faudra donc tout d'abord surmonter ces obstacles ,ce qui ne laissera pas de présenter de multiples difficultés.

J'ai été amené, au surplus, à les toucher moi-même du doigt en étudiant l'application des dispositions analogues, en ce qui concerne le transfèrement des relégués individuels dans les colonies, autres que les colonies pénitentiaires, ainsi que la transportation volontaire des condamnés libérés de la réclusion ou de l'emprisonnement.

Cette dernière question est même soumise actuellement à l'examen d'une commission nommée au Ministère de la Justice et dont le garde des Sceaux a bien voulu me faire l'honneur de m'appeler à faire partie.

Mais alors que l'Etat éprouve le plus sérieux embarras à régler la procédure applicable, en l'espèce, à toute une catégorie d'individus qu'il a pour ainsi dire, encore *in manu*, comment sera-t-il possible d'atteindre le but que vous poursuivez en ce qui concerne des personnes absolument libres de toute tutelle administrative ?

C'est là un problème des plus compliqués, veuillez le croire, étant données les contingences qui s'imposent « aux pontifes » de la colonisation, aussi bien qu'aux profanes et que, seule, l'initiative privée pourrait arriver à résoudre... peut-être.

OPINION DE M. PAUL PEYSSONNIÉ
Avocat général près la Cour d'appel de Paris.

Je ne voudrais pas décourager les tentatives faites pour ramener au travail et à la vertu les paresseux et les pervers ; on trouve parmi les *Chômeurs volontaires* deux catégories :

1º Les égarés, malfaiteurs d'occasion, les faibles qu'on peut quelquefois ramener ;

2º Les obstinés, les endurcis, jeunes ou vieux, qui ne veulent que ripailler, trimarder et voler.

De ceux-ci, on ne tirera rien qui vaille.

De ceux-là, en choisissant, on pourra peut-être tirer quelque chose. Qu'on essaie !

Mais il faut craindre de faire à nos colonies un triste cadeau en leur envoyant nos truands. Les Anglais envoient en Asie, en Afrique, comme colons, négociants ou fonctionnaires, leurs cadets, leurs meilleurs fils ! Et leurs colonies prospèrent !

Les nôtres sont déjà très suffisamment peuplées de paresseux, d'ivrognes et de voleurs ! Si vous saviez ce que les magistrats, retour des Antilles ou de la Réunion, disent des nègres, des bons nègres ! !

Pénétrez-vous bien de cette idée que les ouvriers valides qui ne trouvent jamais de travail, n'en ont jamais cherché sérieusement.

Une anecdote personnelle, pour appuyer cette opinion qui vous paraîtra empreinte d'amertume et dépourvue d'enthousiasme.

Je venais d'être nommé procureur de la République à Saumur (il y a longtemps !) Un matin, les gendarmes m'amènent un vagabond jeune, vigoureux, qui n'avait pas de condamnations trop graves ni trop nombreuses, trois ou quatre au plus. Je l'interroge. Il se dit ouvrier malheureux, sans travail. Je m'émeus, je le presse de questions. « Avez-vous un métier ? — Oui, je suis ouvrier bourrelier. — Avez-vous cherché du travail à Saumur où il ne manque pas de bourreliers ni de carrossiers ? — Non, j'ai été arrêté avant d'arriver en ville. »

Il y avait là un sauvetage à tenter. J'ai prié les braves gendarmes d'accompagner cet ouvrier malheureux et de le recommander de ma part aux principaux bourreliers. Un quart d'heure après, on lui offrait une place pour travailler de son métier, et aussitôt, il s'écriait : « C'est bon ! assez de chichi ! Je ne veux pas travailler ; j'aime mieux aller en prison ! »

Hélas ! Cette petite aventure est l'éternelle histoire !

Conclusion : Ne vous attendrissez pas trop sur les malfaiteurs et sur les *chômeurs obstinés ;* mais si vous trouvez parmi ces déchets de la société, un sujet vraiment intéressant, un égaré, un dévoyé, plus victime que coupable, secourez-le, embarquez-le pour les colonies, ou plutôt, gardez-le en France où la vie est encore plus facile qu'à Madagascar. Envoyez-le chez le bourrelier de Saumur, s'il veut y rester ! En attendant, prenez un volume de Gustave Flaubert dans votre bibliothèque, et relisez Bouvard et Pécuchet.

OPINION DE M. MAURICE AJAM

Avocat,
député de la Sarthe.

L'intéressante question que vous me posez au sujet des « Chômeurs volontaires » ne rentre pas dans le droit, elle rentre dans la *psychologie.*

Il me semble qu'elle a été résolue par M. Pierre Mille dans un ouvrage dont le nom ne me revient pas, mais dans lequel M. Mille avait étudié à fond les choses de Nouvelle-Calédonie.

Qu'il s'agisse d'une relégation volontaire ou d'une relégation forcée, il faut toujours se placer en face de la grosse difficulté pratique soulevée par l'*aboulie* des vagabonds.

Ils constituent, en général, une espèce à part de déclassés, d'avortons sociaux, incapables d'un travail libre.

C'est triste à dire, mais il en est ainsi.

En Calédonie, on disait à M. Mille : « Sur le marché du travail, un assassin vaut dix fois mieux qu'un vagabond ; il a du cœur à l'ouvrage, l'autre est atteint d'une paresse indécrottable. »

(Si je ne reproduis pas les termes, je reproduis la pensée).

Le projet de M. Le Roux est idéalement beau. Je crains bien qu'il ne se heurte à la conclusion d'expériences répétées.

M. Pierre Mille étant cité par M. Maurice Ajam, j'avais le devoir de lui demander son opinion personnelle, après lui avoir communiqué la lettre du député de la Sarthe. J'ai reçu la lettre suivante de :

M. PIERRE MILLE

Homme de lettres, ancien Administrateur colonial

Je continue à être de mon avis, et de celui de M. Maurice Ajam ! La transportation des vagabonds aux colonies ne donnerait que des déceptions.

On conte que des soldats, à qui l'on a demandé ce que c'était que les colonies, ont répondu que « c'étaient des pays étrangers où on met les mauvais sujets et les enfants abandonnés. » Il me semble que la conception de M. Le Roux se rapproche de celle-là. Elle n'est pas exacte, et elle peut être dangereuse.

Les colonies sont des endroits où il faut, pour réussir, dix fois plus d'énergie que dans les régions civilisées. Donc, pas de déchets, pas de vagabonds. Et même, comme ce ne sont pas des îles désertes et qu'il s'y trouve des indigènes, il serait bon qu'on n'y laissât pénétrer que les échantillons les meilleurs, au point de vue moral et mental, de la race dominatrice. Ce n'est là qu'un idéal, hélas !

Je ne sais pas ce que vous a répondu mon ancien chef à Madagascar, M. Laroche. Mais je me rappelle fort bien que du temps où il était résident général de cette possession, le Gouvernement métropolitain lui fit savoir qu'il était disposé à envoyer à Madagascar des condamnés aux travaux forcés et des relégués. M. Laroche transmit cette proposition au directeur par interim des affaires indigènes, M. E. F. Gautier, qui avait toutes sortes de qualités, et des plus diverses : c'est un explorateur énergique, un géologue, un géographe et un philologue de premier ordre, et par dessus le marché il joint, au sens politique le plus fin et le plus avisé, le don de l'expression aigüe et spirituelle. M. Gautier rédigea un rapport qui se terminait ainsi :

« Je connais, sur la côte occidentale de notre belle colonie, une île bien intéressante, car elle est complètement dépourvue d'eau douce. Je propose que ce soit là qu'on établisse les transportés. Une partie de ces condamnés irait chaque jour, sur la grande terre, chercher de l'eau pour l'autre moitié. »

M. Laroche écrivit alors au ministre des Colonies pour refuser le cadeau qu'on voulait lui faire. Il ajoutait :

« Le rapport de mon chef de service est d'un ton trop peu administratif pour que je vous le communique. Mais j'en approuve pleinement les conclusions, malgré leur ironie. »

Il en serait des vagabonds comme des relégués. Et je ne sais même pas s'ils auraient le courage d'aller chercher de l'eau !

OPINION DE M. PAUL PELTIER
Avocat à la Cour de Paris

J'estime tout d'abord que la société n'aura le droit de punir durement les vagabonds que quand elle aura trouvé le moyen d'assurer du travail à tous les vagabonds *involontaires*, et un abri à tous les vagabonds *infirmes*.

Cela fait, elle n'aura plus devant elle que les vagabonds *volontaires*, et alors (mais alors seulement), elle pourra et devra se montrer sévère.

Je suis absolument partisan des Maisons de travail, système belge, plutôt que de la transportation aux Colonies. Quant au vagabondage, accompagné d'un autre délit (d'un délit de violence) je pense qu'il devrait être puni de quelque chose d'analogue au « hard-labour » anglais.

OPINION DE M. CHEROUVRIER

Directeur-adjoint de l'Officiel colonial.

M. Cherouvrier, qui croyait impossible l'envoi des « chômeurs volontaires » à Madagascar, m'avait fait envisager un point de vue très curieux de cette question.

« En admettant, m'avait-il dit, qu'on arrive à transporter sans trop de frais à Madagascar des gens décidés à travailler et à bien se comporter, il faudrait, pour ne pas les décourager, les mettre à même de cultiver les meilleures terres. Or, dans dix à quinze ans, toutes les bonnes terres seraient ainsi distribuées à des individus peu intéressants et les colons sérieux ne trouveraient plus où s'établir. »

OPINION DE M. BUHOT DE LAUNAY

*Colon à Vohitrambo, Province de Belsimisaraka du Centre
(Madagascar)*

Bien que M. Buhot de Launay ait eu à souffrir du manque de main-d'œuvre à Madagascar, bien qu'il ait dû, avec l'aide de deux domestiques, construire lui-même sa maison, faisant le terrassier, le charpentier et le couvreur, bien qu'il ait dû lui-même tracer des routes et défricher des terres et qu'il ait regretté de ne pas avoir à sa disposition, pendant six mois, une douzaine des « transplantés » de M. Le Roux, il n'est point partisan de l'envoi des « chômeurs volontaires » à Madagascar, où comme partout ailleurs, il faut de l'énergie et de la persévérance pour réussir.

En résumé, l'idée séduisante et humanitaire de M. Le Roux est pratiquement irréalisable. Toutes les personnes compétentes sont du même avis, on le voit.

Ce qu'il faudrait faire.

L'impossibilité absolue de faire des « chômeurs volontaires » les « volontaires de la colonisation » est évidente ; mais cela ne veut point dire qu'on ne puisse débarrasser nos villes et nos campagnes des milliers de parasites qui les rongent.

Au cours de cette enquête, j'ai enregistré quelques idées qui pourraient être assez facilement mises en pratique.

Voici tout d'abord celle d'un jeune magistrat, auteur d'une thèse fort remarquée sur la *Suppression progressive de la peine de mort.*

M. LOUIS PROUST

Docteur en droit, Juge-suppléant au Tribunal civil de Tours

Après avoir reconnu l'impossibilité de l'envoi des vagabonds dans nos colonies, et l'insuffisance des lois françaises qui prétendent réprimer le vagabondage et la mendicité, montré que les sanctions édictées par les articles 271 et 274 du Code pénal n'ont aucun des caractères que les peines doivent avoir, n'étant ni exemplaires, ni expiatoires et ne pouvant amender les coupables, écrit :

« Pour des individus qui n'ont aucun abri, souvent qu'une maigre nourriture, de pauvres vêtements, un séjour peu prolongé en prison n'a rien de terrifiant. C'est au contraire, bien souvent, pour eux, l'occasion, l'hiver, de guérir un rhume ou, l'été, de se reposer un peu d'une longue marche à pied.

Il faudrait donc trouver autre chose.

Entr'autres, une idée exposée en tête de cette étude par M. Marc Langlais m'a toujours vivement souri.

Leur classification, la diversité dans les traitements me plaisent justement parce qu'elles permettent de tenir compte de l'âge, des dispositions individuelles et du degré d'aptitude au travail des vagabonds. Je sais bien qu'entre le minimum et le maximum de la peine, le juge a une certaine latitude dont il peut user ; c'est ainsi qu'il donnera un mois de prison à l'homme de 30 ans vigoureux, qui préfère demander à l'aumône ce que le travail lui procurerait si facilement, alors qu'il se montrera pitoyable envers le vieillard de 60 ans en lui octroyant seulement une peine de six jours d'emprisonnement. Même avec ces différences l'égalité ne semble pas sauvegardée.

Si le mendiant ou vagabond est invalide ou incurable, ou si l'âge le rend impropre au travail, ce n'est pas la prison qu'il lui faut, mais bien l'hôpital ou tout au moins un lieu de retraite où il pourrait, moyennant un travail approprié à ses forces, rendre encore quelques services. Si, au contraire, il s'agit d'un homme pouvant travailler, il y a lieu de distinguer le chômeur involontaire du chômeur volontaire. Le chômeur involontaire est celui qui se trouve sans emploi par suite de la cessation de l'industrie dans laquelle il était employé, ou celui qui a dû quitter son patron à la suite d'une cause indépendante de sa volonté : ce chômeur involontaire devrait être assisté au lieu d'être puni et il y aurait lieu d'instituer des bureaux de placement spéciaux qui s'occuperaient de procurer du travail à cette catégorie d'individus. Ils retomberaient sous l'empire du Code pénal s'ils n'avaient pas accepté le premier emploi qui leur aurait été offert.

Reste à examiner ce que l'on doit faire de la dernière catégorie, des chômeurs volontaires, de tous ces gens auxquels

M. Marc Langlais prête des professions si diverses et tout à fait inconnues des honnêtes citoyens. A ceux-là, toutes les rigueurs des articles que nous avons brièvement examinés sont trop douces et dans tous les cas parfaitement inefficaces.

Il y a en France certaines œuvres qui ont donné jusqu'ici d'excellents résultats : je veux parler des colonies pénitentiaires pour jeunes gens et enfants. Une, entr'autres, fonctionne admirablement à quelques kilomètres de Tours, et il est facile de se rendre compte des services qu'elle a déjà rendus et qu'elle rend toujours.

Pourquoi n'étendrait-on pas les bienfaits de ces établissements aux vagabonds et mendiants que les sévérités du Code ne parviennent pas à corriger ? Pourquoi ne *grouperait-on* pas dans des *maisons de travail*, d'après les connaissances, les aptitudes, la profession de chacun, tous ces individus qui s'en vont de hameau en village mendier et grossir fatalement l'armée plus dangereuse des vagabonds de nos grandes villes ? Oh ! j'entends d'ici l'objection qu'on ne manquera point de me faire aussitôt.

Comment astreindre au travail un paresseux qui ne veut rien faire ? A cela je répondrai que les gardiens des bagnes disposent de moyens *ad hoc* qui donnent d'assez bons résultats. Bien entendu, je n'entends point substituer la peine des travaux forcés à celles édictées par les articles 271 ou 274.

Les travaux auxquels seront astreints les vagabonds, quoique *forcés*, ne seront comparables en rien à ceux que font les criminels qu'on envoie en Guyane ou à la Nouvelle : ils seront exécutés en France, avec moins de rigueur, seront plus faciles et enfin laisseront au condamné une large part du gain qu'ils procureront à l'Etat.

Il est à remarquer que la plupart de ces vagabonds dont nous cherchons le moyen pratique de nous débarrasser n'aiment pas être privés de leur liberté pendant un long espace de temps. Une condamnation à plusieurs années de prison les effraie et pour rien au monde beaucoup d'entre eux ne voudraient l'encourir. Il y aurait donc lieu de tenir compte de leur faiblesse, si je puis m'exprimer ainsi, dans la peine que je propose de substituer à l'ancienne. L'internement dans « les maisons de travail » ne pourrait être prononcé pour une période inférieure à deux ans

Il y aurait à cela double avantage : le travail prolongé pourrait être moralisateur, beaucoup en reprendraient le goût, tous perdraient les habitudes de paresse et auraient à leur sortie un petit pécule qui leur permettrait d'attendre un emploi ; enfin la menace d'une nouvelle condamnation qui ne pourrait qu'être du double de la précédente, retiendrait les plus incorrigibles et les plus endurcis.

L'idée d'ailleurs n'est pas nouvelle : en Angleterre, en Belgique, elle a donné d'excellents résultats. Pourquoi n'en essaierait-on pas en France ? L'Etat n'y perdrait point, surtout s'il savait se substituer aux entrepreneurs de travaux, qui réalisent parfois de scandaleux bénéfices sur le travail des condamnés, et la société y gagnerait une plus grande sécurité, peut-être même la rentrée dans son sein de quelques individualités que le vice et la paresse n'auraient pas encore tout à fait corrompues. »

L'idée de M. Proust est aussi partagée par un magistrat éminent, que sa longue carrière, son dévouement à de nombreuses œuvres sociales, sa grande connaissance des faiblesses humaines, son inépuisable mais logique charité, ont mis en vedette depuis longtemps.

Sa modestie égalant ses vertus, j'ai dû lui promettre de ne pas le nommer. Je tiens ma promesse.

Mon correspondant va plus loin que M. Proust, il est comme lui partisan d'une longue privation de liberté, mais il assigne une tâche spéciale, définie, aux trimardeurs ; il fait de ces exploiteurs, les serviteurs et les collaborateurs de tous les travailleurs ordinaires. Il veut que l'agriculture, le commerce et l'industrie profitent à leur tour des efforts médiocres, sans doute, mais cependant appréciables de ceux qui vécurent trop longtemps à leurs dépens.

L'idée est neuve, je crois. Voici en quels termes mon distingué correspondant résume une longue conversation que nous avons eue dernièrement sur ce sujet :

« Nous avons causé lorsque j'ai eu le plaisir de vous voir,

de la nécessité de trouver un débouché pour les vagabonds qui infestent nos campagnes. Je vous ai dit que peut-être les déchets de la société pourraient être *employés à faire des travaux présentant un caractère d'utilité publique, mais dont l'urgence ne serait pas suffisante pour qu'on fût disposé à y consacrer les sommes que nécessiterait leur exécution par les moyens normaux.*

Après un certain nombre de condamnations pour vagabondage ou mendicité, une loi pourrait donner aux tribunaux le droit de décider que les prévenus poursuivis pour ces mêmes délits, seraient astreints pendant un temps assez long, à un travail obligatoire.

Elle pourrait aussi obliger le Gouvernement à mettre, par exemple ces délinquants, — dans des conditions à déterminer, — à la disposition d'entrepreneurs qui seraient chargés d'exécuter certains travaux, tels que défrichements, constructions de routes ou de chemins de fer, création de canaux, dragage de rivières ensablées (1), reboisement des montagnes, régularisation des torrents, assainissement de terrains, etc.

Cete main-d'œuvre serait évidemment médiocre, mais elle serait payée en conséquence. Les salaires seraient versés à l'Etat, qui en remettrait à l'ouvrier une part proportionnelle au travail fourni à la fin du temps prescrit par le jugement.

Les travaux auxquels cette main-d'œuvre pourrait être employée seraient fixés par une loi, ou au moins par un décret.

L'avantage pourrait être double, ou même triple :

1° La société serait pendant un temps appréciable purgée de non-valeurs présentant un danger réel ;

2° Le vagabond pourrait reprendre le goût du travail, et aidé par son pécule se reclasser ;

3° Enfin, on trouverait ainsi le moyen de faire exécuter des travaux utiles qui, sans cela, ne le seraient jamais.

Il n'y a là, bien entendu, qu'une esquisse très sommaire. »

Il est évident que l'application de ces idées présenterait certaines difficultés. Des vagabonds refuseraient de travailler ;

---

(1) N. D. L. A. — Le voilà peut-être le moyen économique et pratique de rendre la Loire navigable.

on leur donnerait juste du pain et de l'eau ; ils se verraient alors dans la nécessité d'accomplir quelque travail pour améliorer leur ordinaire ; l'encellulement aurait vite raison de la mauvaise volonté des plus rebelles. Enfin, un emprisonnement prolongé, avec régime des plus sévères, punirait tous ceux qui déserteraient le chantier. Il est bien certain qu'au début, les fuites seraient fréquentes mais l'assurance que les coupables auraient d'être vite repris, et la sévérité du châtiment qui les attendrait, ne manqueraient pas d'enlever, dans la suite, toute velléité d'escapade aux « chemineaux ». Je crois également que tous les travaux en plein air, préconisés par mon correspondant, seraient bien mieux acceptés par ces assoiffés de grand air que le travail à l'atelier.

La menace de l'emprisonnement prolongé et du manque de bien-être est surtout redoutée par les trimardeurs. C'est aussi l'opinion de

M. LANTIN

Directeur de la Maison centrale de Melun

qui m'écrivait avec un grand bon sens après avoir déclaré que le séduisant projet Le Roux ne lui semblait pas réalisable :

« Les valides, réduits à la mendicité et au vagabondage, dans la métropole, ne deviendraient pas des ouvriers laborieux, soucieux de pourvoir aux besoins de l'existence par les ressources de leur travail, du seul fait de leur transportation aux colonies.

L'œuvre privée à créer, en vue de favoriser les volontaires de la colonisation ne ferait, selon moi, qu'ouvrir une succursale de la maison de Nanterre dans chacune des colonies françaises devant recevoir des « volontaires ».

Sans direction, sans tutelle, je dirais volontiers sans contrainte, ces gens-là sont incapables d'échapper à leurs habitudes de paresse.

Il faut, pour faire travailler les détenus, le régime disciplinaire des établissements pénitentiaires, et combien, parmi eux, n'étaient, hier, que des mendiants et des vagabonds ?

L'œuvre des « volontaires de la colonisation » recrutés dans la Métropole, parmi les valides mendiants et vagabonds par paresse, ne réussirait, à mon avis, qu'à organiser des « foyers » d'assistance aux colonies, sans réussir à améliorer ses protégés et tout en créant, vraisemblablement, des embarras aux populations indigènes aussi bien qu'aux administrations locales.

Que faudrait-il faire alors ?

J'estime que l'organisation des dépôts de mendicité, en Belgique, donne des résultats que notre pays pourrait envier, puisque les internés à Merxplas et à Hoogstraeten préfèrent de beaucoup un séjour, même prolongé, dans les prisons françaises, à une villégiature de quelque durée dans l'un de ces établissements.

La répression du vagabondage et de la mendicité doit être redoutée par ceux qu'elle peut atteindre, et si nous avons, en France, dans les grandes villes notamment, tant de mendiants et de vagabonds, cela tient, apparemment, à ce qu'une simple privation de liberté, pour un temps plus ou moins long, n'impressionne guère ceux qui sont assurés d'avoir, pendant ce temps, l'existence matérielle assurée dans des conditions d'abondance et de confortable — si je puis m'exprimer ainsi — qu'ils ignorent le plus ordinairement.

Le mendiant, le vagabond, se trouvent, dans les prisons françaises fort bien traités et regrettent le plus souvent d'être obligés d'en sortir ; ils y reviennent régulièrement à l'entrée de la mauvaise saison. Ils doivent considérer la maison si hospitalière de Nanterre comme un Eden du genre et, dans ces conditions, il n'y a rien de surprenant à les y rencontrer si nombreux.

Je vous conseille de vous renseigner sur l'organisation des établissements belges de Merxplas et de Hoogstraeten et peut-être apercevrez-vous, dans ce qui s'y pratique, la donnée générale qui permettra de solutionner, pour le plus grand bien de notre Société la question qui préoccupe si légitimement tous ceux qui se soucient de voir diminuer le nombre des malfaiteurs dans notre pays.

J'ai suivi le conseil de M. Lantin. Je me suis renseigné.

Déjà, il y a quelques années, au cours d'un voyage d'études dans les pays du Nord, il m'avait été donné d'apprécier les remarquables organisations scolaire et agricole de la Belgique, et l'extrême courtoisie, la simple et franche cordialité des hauts fonctionnaires qui m'avaient fait les honneurs des établissements confiés à leur direction.

Les renseignements demandés m'ont été fournis, avec la plus entière bonne grâce et le plus grand empressement, par M' S. M. F. Leroy, Directeur principal des Colonies de Bienfaisance de l'Etat, qui, avec une complaisance et une autorité que j'ai vainement cherchées, hélas ! chez la plupart de nos grands Manitous de l'administration pénitentiaire française, m'a adressé : les textes modifiés de la loi pour la répression de la mendicité et du vagabondage en Belgique ; un résumé fort complet et fort clair de l'organisation des colonies de bienfaisance placées sous sa direction ; des vues coloriées — en quatre grandes planches que je regrette de ne pouvoir reproduire — de ces établissements et la lettre très intéressante que je reproduis ci-dessous.

Je tiens une fois de plus, à rendre publiquement hommage à la rare courtoisie des Belges en général, et, en particulier, à la grande complaisance de M. Leroy. Je me suis adressé à lui, sans recommandation aucune ; il s'est empressé de me fournir les renseignements les plus utiles. A côté de cela, je me suis adressé à de grands fonctionnaires de l'administration pénitentiaire française en me recommandant de personnalités notoires, en faisant valoir le but de l'enquête sérieuse que je poursuivais. Est-ce par insouciance, est-ce plutôt par nullité ? Certains Budgétivores Importants, que j'aurai la charité de ne pas nommer, n'ont point daigné prendre la peine de me répondre ! C'est sans doute aussi parce qu'ils ne sauraient avoir la légitime fierté de m'écrire comme

M' S. M. F. LEROY

Directeur principal des Colonies de Bienfaisance de l'Etat belge

« Considérés sous le rapport matériel et économique, nos établissements de Hoogstraeten, Wortel et Merxplas, ont atteint un degré de perfectionnement qui provoque l'étonnement et l'admiration des visiteurs étrangers.

Nos installations sont vastes, bien aménagées, luxueuses même ; les travaux sont bien organisés, les divers services fonctionnent régulièrement ; la discipline est relativement bonne et le zèle du personnel ne laisse, en général, rien à désirer.

Et cependant, il faut bien le reconnaître, les résultats obtenus jusqu'ici dans l'œuvre de l'amendement pourraient être plus encourageants. Mais, il n'y a pas à se le dissimuler, la réforme morale des adultes est, en général, une tâche difficile ; elle est plus ingrate encore et plus stérile en résultats, lorsqu'elle s'applique à des vagabonds vicieux et fainéants, à des récidivistes vivant dans une promiscuité constante.

Aussi, le principal résultat de l'application de la loi consiste assurément dans la réclusion, infiniment plus longue aujourd'hui, des professionnels du vagabondage et, partant dans l'élimination de la société, de cette catégorie d'individus qui constituerait pour elle un véritable chancre.

Est-ce dire que nous nous désintéressons de la question et que nous renonçons à tout nouvel effort ?

Assurément non, car indépendamment des moyens employés jusqu'ici, de la répartition de la population en diverses sections, nous tentons encore, en ce moment, des expériences d'encellulement prolongé à l'égard des plus dangereux et des plus incorrigibles de nos reclus, expériences qui ont pour but d'intimider ces derniers et de mettre à l'abri de leur influence leurs compagnons plus dignes d'intérêt. »

D'accord avec mes divers correspondants, M. Leroy reconnaît que seul un *emprisonnement sévère et prolongé* peut intimider et amender les individus foncièrement paresseux, ceux qui, en France par exemple, préfèrent, comme l'ouvrier bourrelier de M. l'avocat général, Paul Peysonnié, le trop doux séjour d'une prison, au libre travail de l'atelier.

Voyons maintenant ce qui se passe en Belgique et comment est organisé le système de répression qui a donné de si heureux résultats. J'extrais tous les renseignements des notices fort complètes qui m'ont été adressées par M. Leroy.

COLONIES DE BIENFAISANCE DE L'ÉTAT BELGE

Résumé historique

A l'époque de sa reconstitution en Royaume indépendant, la Belgique possédait *six dépôts de mendicité* : celui de *Namur*, destiné à recevoir les mendiants appartenant aux provinces de Namur et de Luxembourg ; celui de *Bruges*, pour les deux Flandres ; de *Reckheim*, pour les provinces de Liège et de Limbourg ; le dépôt de *Hoogstraeten*, pour la province d'Anvers ; de *Mons*, pour le Hainaut et enfin de *La Cambre*, pour le Brabant.

Indépendamment de ces six établissements provinciaux, il y avait aussi les *Colonies de la Société de Bienfaisance* où mille mendiants valides pouvaient être admis.

Les colonies de bienfaisance comprenaient :

1° La *colonie forcée* de Merxplas-Ryckvortel, où, moyennant une rétribution annuelle de 35 florins, on recevait tout mendiant valide apte aux travaux des champs, etc.

2° La *Colonie libre*, de Wortel, composée d'une centaine de petites fermes dans lesquelles les communes, administrations ou personnes charitables qui versaient une somme de 1.600 florins, avaient le droit de placer une famille indigente. Cette famille était alors mise en possession d'une petite maison avec grange, d'une parcelle de terre d'une ou deux vaches, de moutons, de meubles, ustensiles aratoires et vêtements dont la valeur constituait une avance que les colons devaient successivement acquitter à l'aide du produit de leur culture.

Ces colonies furent supprimées, en 1841, par expiration

du contrat passé entre le gouvernement des Pays-Bas et la Société de bienfaisance, le 28 janvier 1823.

Depuis, les dépôts de Namur, de Mons et de La Cambre ont été supprimés ; celui de Bruges a été affecté aux femmes et aux filles âgées de plus de 18 ans et celui de Reckheim a été approprié en 1890 pour y placer une école de bienfaisance de l'Etat destinée aux garçons indigents de 15 à 18 ans.

Seul, le dépôt de Hoogstraeten, considérablement agrandi, a conservé sa destination.

On lui a adjoint les anciennes colonies hollandaises de bienfaisance de Merxplas-Wortel, acquises par l'Etat belge en 1870, et depuis 1894, ces établissements ont reçu la dénomination de *Colonies de bienfaisance de l'Etat.*

Destination

Ces colonies sont spécialement organisées pour la répression du vagabondage et de la mendicité conformément à l'article 1er de la loi du 27 novembre 1891. Elles comprennent deux établissements absolument distincts : la maison de Refuge et le Dépôt de mendicité.

Maison de refuge. — La maison de refuge est exclusivement affectée à l'internement des adultes malheureux que leur âge ou leurs infirmités mettent hors d'état de travailler, de ceux que le manque de travail ou la misère ont seuls poussés à la mendicité ou au vagabondage et de ceux enfin qui, munis d'une autorisation, d'une administration communale, s'y présentent volontairement.

Les internés ne peuvent, en aucun cas, y être retenus contre leur gré au-delà d'un an.

Elle comprend deux sections : celle de Hoogstraeten et celle de Wortel.

La colonie de Hoogstraeten, où se trouvent les bureaux est particulièrement affectée aux invalides, aux infirmes et aux malades ; toutefois, on y conserve un certain nombre de valides pour assurer le service des ateliers indispensables et même de quelques industries.

La colonie de Wortel reçoit les valides ainsi que les invalides susceptibles de se livrer à certains travaux.

DÉPÔT DE MENDICITÉ. — Cet établissement est destiné :

A. — Aux individus valides qui, au lieu de demander au travail leurs moyens de subsistance, exploitent la charité comme mendiants de profession, à ceux qui, par fainéantise, ivrognerie ou dérèglement de mœurs, vivent en état de vagabondage, et aux souteneurs de filles publiques. La durée de l'internement pour cette catégorie de reclus est de deux années au moins et de sept années au plus.

B. — Aux mendiants et vagabonds condamnés par les tribunaux correctionnels à un emprisonnement de moins d'un an, du chef d'une infraction prévue par la législation pénale et qui, à l'expiration de cette peine, doivent être retenus à la disposition du gouvernement pour un terme d'un an au moins et de sept ans au plus.

Les reclus, classés d'après leur âge, leur moralité, leurs antécédents, la durée de leur terme de mise à la disposition du gouvernement, etc., y sont actuellement répartis en neuf sections comprenant :

1re *Section*. — Les reclus de 18 à 21 ans qui ne doivent pas être soumis à une mesure spéciale.

2e *Section*. — Les invalides capables d'un certain travail.

3e *Section*. — Les invalides incapables de tout travail.

4e *Section*. — Les reclus de plus de 21 ans entrant pour la première fois au dépôt de mendicité et n'ayant pas d'antécédents judiciaires graves.

5e *Section*. — Les récidivistes d'évasion.

6e *Section*. — Les individus condamnés pour incendie ou destruction d'arbres, ceux qui ont proféré des menaces d'incendie avant ou pendant leur séjour aux colonies de bienfaisance.

7e *Section*. — Les souteneurs de filles publiques, les individus ayant subi une ou plusieurs condamnations graves pour affaire de mœurs ; ceux dont l'immoralité est notoirement connue.

8e *Section*. — Les reclus dangereux ou indisciplinés ; les individus inculpés de crime ou délit ou qui ont à purger une condamnation à l'emprisonnement et dont l'autorité judiciaire a requis le transfèrement.

Les colonies de bienfaisance comprennent les établissements de Wortel, de Hoogstraeten et de Merxplas. Elles s'étendent sur les territoires des communes de ces noms et comportent une superficie totale de plus de 1.200 hectares.

Un quatrième établissement, destiné à devenir une succursale de la Maison de refuge est en voie d'organisation à Reckheim. Son territoire comprendra environ 200 hectares.

Toutes ces colonies dépendent du ministère de la Justice et sont placées sous son administration immédiate.

DÉPÔT DE MENDICITÉ

Le Dépôt de mendicité est établi dans la colonie de Merxplas dont la superficie est de 520 hectares.

La population moyenne du dépôt est de 5.000 hommes, dont 3.500 *valides* et *invalides* pour lesquels le prix de la journée d'entretien payé par les communes, les provinces et l'Etat, s'élève à 66 centimes et 1.500 *invalides* et *infirmes* nécessitant des soins spéciaux et dont l'entretien est payé à raison de 1 fr. 50 par jour.

Les reclus sont amenés jusqu'à Merxplas même dans des wagons appartenant au ministère de la Justice qui circulent sur les voies du chemin de fer vicinal de Turnhout-Anvers-Hoogstraeten, auquel un embranchement spécial relie le dépôt de mendicité.

A leur arrivée, ils sont inscrits sur les registres d'identité, passent au bain, déposent leurs effets, les objets dont ils sont porteurs et revêtent la tenue réglementaire. Le pécule qu'ils possèdent est échangé contre la monnaie fictive n'ayant cours que dans l'établissement. Ils subissent ensuite une visite médicale qui décide de leur classement. Enfin, le directeur leur fait subir un interrogatoire. Il s'enquiert des motifs de l'internement, profession, antécédents, etc.

S'il entrevoit un espoir justifié pour l'*entrant* de pouvoir se remettre au travail à bref délai et si ses antécédents le permettent, le directeur le signale au Comité de patronage du dépôt de mendicité. Le directeur désigne ensuite les sections auxquelles les entrants doivent être affectés.

Le régime alimentaire comprend :

1º Le régime ordinaire ;

2º Le régime des colons invalides nécessitant des soins spéciaux ;

3º Le régime des malades

Les individus valides sont astreints au travail. On a dans ce but créé de nombreux ateliers où l'artisan peut entretenir ses connaissances, pendant le terme, parfois long, de son internement, au lieu d'être astreint à une besogne stérile au point de vue de son avenir

Les travailleurs reçoivent un salaire proportionné à leur production. Ils en touchent une moitié pour frais de cantine, l'autre moitié est versée à leur masse de sortie.

Le dépôt de mendicité possède une ferme contenant environ 25 chevaux, 200 bêtes à cornes, 250 porcs, 250 moutons.

Les cultures et les prairies couvrent 275 hectares.

Indépendamment des ouvriers reclus qui sont employés aux travaux de la ferme, de nombreuses brigades d'internés s'occupent de défrichements, de travaux de terrassement, etc.

Des installations industrielles diverses et de vastes ateliers existent à Merxplas, on y trouve :

Une briqueterie avec tuilerie et poterie, une usine à gaz, une tannerie, une fabrique de chicorée, de tabacs, de produits en béton, une meunerie, une boulangerie, un abattoir, des chantiers de maçonnerie, des ateliers de : charpentiers, menuisiers sculpteurs, ébénistes, charrons, sabotiers, tourneurs en bois et en fer, forgerons, poêliers, serruriers, fondeurs, maréchaux-ferrants, plombiers-zingueurs, gaziers, cordiers brossiers, vanniers, tisserands, fileurs, tailleurs, cordonniers, selliers, tapissiers-garnisseurs, peintres, relieurs, graveurs, imprimeurs, lithographes, etc., qui ont permis tant pour la construction des nombreux bâtiments, que pour la fabrication du mobilier, du matériel et de leur entretien, de s'en tenir presque exclusivement à la main-d'œuvre des internés.

L'existence de ces ateliers offre, en outre, à ceux qui n'ont pas de métier l'occasion de faire un apprentissage qui peut leur fournir les éléments destinés à leur procurer plus tard des moyens de subsistance

Le travail est, nous l'avons dit, obligatoire. Toute désobéissance, tout acte d'indiscipline ou d'insubordination, toute infraction au règlement est puni suivant les circonstances et la gravité des cas, d'une des peines suivantes :

1° Retenue sur le salaire ;

2° Privation de travail, de la lecture, de la cantine, des visites, de la correspondance et des autres faveurs accordées par le règlement ;

3° Mise au pain et à l'eau (ne peut dépasser 15 jours) ;

4° Cellule ordinaire (huit jours à trois mois) ;

5° Cellule de répression (neuf jours au maximum) ;

6° Internement dans une section spéciale.

Si le colon est ou devient malade, la punition est suspendue.

Les reclus ont à leur disposition une bibliothèque, des conférences leur sont faites par les membres du corps enseignant. Les services religieux sont assurés par des ministres des divers cultes.

Le service médical est assuré par un médecin ; les malades sont soignés dans un hôpital desservi par des sœurs et des infirmiers.

L'état sanitaire du dépôt a toujours été excellent. Bien que la population comprenne plus de 1.500 infirmes, un grand nombre de vieillards, et que la constitution physique de la majorité des reclus soit altérée par les excès de tous genres, le nombre des décès n'y est en moyenne que de 100 par an.

Cette situation exceptionnelle est due à une observation rigoureuse des prescriptions hygiéniques, à ce que les colonies sont situées loin de toute habitation ou usine, au milieu de vastes sapinières où l'air est vif et ozoné, et que les internés y jouissent d'une liberté relative.

MAISON DE REFUGE

La maison de Refuge est située en partie sur les territoires des communes de Wortel et de Hoogstraeten.

Elle comprend :

1° La colonie de Wortel (570 hectares) ;

2° La colonie de Hoogstraeten (110 hectares).

La population totale est en moyenne de 1.000 internés ; pour 725 d'entre eux, le prix de la journée d'entretien est fixé à 0.78, pour les 275 autres, il est, comme au dépôt, fixé à 1 fr. 50.

Les internés pour la première fois sont signalés au département de la Justice, et leur libération est immédiatement demandée, pour leur être accordée dès que leur masse de réserve aura atteint une somme permettant à son détenteur de faire face à ses premiers besoins et de chercher du travail.

Tous les colons dont l'entrée au Refuge paraît être la suite de malheurs plutôt que le résultat de l'inconduite, tous ceux dont le relèvement paraît possible à bref délai sont signalés au Comité de patronage.

La population du Refuge est divisée en trois sections :

1° Les internés de 18 à 21 ans qui ne doivent pas être soumis à une mesure spéciale ;

2° Les internés majeurs ;

3° Les internés dangereux ou indisciplinés, les individus inculpés de crime ou délit, ou qui ont à purger une condamnation à l'emprisonnement et dont l'autorité judiciaire a requis le transfèrement.

Il y a, comme à Merxplas, trois régimes alimentaires. Les salaires payés aux intéressés varient selon la valeur de leur production. Les 2/3 de ces salaires sont versés au compte des intéressés, le troisième tiers leur est assuré à titre de deniers de cantine.

Les établisements de Wortel et de Hoogstraeten possèdent chacun une ferme exploitée par la population.

La première comprend 155 hectares de cultures et de prairies, la seconde, 55 hectares.

La partie industrielle est moins développée au Refuge qu'au Dépôt en raison du petit nombre relatif des internés, et de la durée de séjour, plus réduite.

Cependant il existe à Wortel des ateliers de menuiserie, de peinture, de serrurerie et de poêlerie, une forge, un tissage de toiles, de cotons, des ateliers de tailleur, cordonnier, sellier, etc.

Les ouvriers du bâtiment sont toujours occupés aux constructions nouvelles et à l'entretien des bâtiments.

On trouve à Hoogstraeten : une usine à gaz, une malterie, une brasserie, une fabrique de savons, une meunerie, une boulangerie, un abattoir, une forge, des ateliers de menuiserie, charronnage, peinture, etc.

De plus, les travaux domestiques occupent les internés qui ne sont pas aptes à exercer un métier.

Il existe dans les deux colonies une bibliothèque, un hôpital, un lazaret pour les cas d'épidémie et un pavillon spécial pour les vieillards impotents et les gâteux.

L'état sanitaire de la maison de refuge est bon. On y compte plus de malades et plus de décès annuels qu'au dépôt, pour une population moindre, mais cette anomalie apparente s'explique par ce fait que la proportion de vieillards y est considérablement plus forte qu'à Merxplas.

Telle est, dans ses grandes lignes, l'organisation des Colonies de Bienfaisance belges, dont les résultats sont excellents. C'est, d'ailleurs, une organisation semblable que demandent tous ceux qui ont fait connaître leur avis dans les pages qui précèdent.

C'est une organisation semblable qu'a proposée récemment au Conseil général d'Eure-et-Loir

M. PAUL DESCHANEL

Député, ancien Président de la Chambre

De son important rapport sur la question du vagabondage et de la mendicité, il faut retenir ces vœux principaux :

« Que les articles 269 à 282 du Code pénal, concernant la mendicité et le vagabondage, soient modifiés ; que la loi distingue nettement entre la mendicité accidentelle et la mendicité professionnelle, entre le valide et l'invalide ; que la durée de l'emprisonnemnt soit augmentée en cas de récidive ; que les condamnés, après un emprisonnement plus ou moins prolongé, puissent être internés, pour un temps fixé par jugement, dans des établissements de travail en France, en Algérie et aux colonies.

« Que les nomades soient munis d'une carte d'identité et d'un livret folioté indiquant leur précédent arrêt.

« Que le département ait un recours contre la commune du domicile de secours, suivant un tarif fixé par le Conseil général, pour les dépenses faites dans l'intérêt de la personne entretenue dans les quartiers d'assistance et pour la répétition des dépenses non couvertes par le travail de ces personnes.

« Que des négociations internationales soient entamées afin que les gouvernements étrangers ne refoulent pas sans cesse les bohémiens sur le territoire français. »

Toutes ces mesures s'imposent. Nos populations rurales exploitées sans vergogne par les pirates des grands chemins n'ont plus aucune pitié pour eux. Le *Chemineau* que Jean Richepin a su immortaliser et rendre sympathique au théâtre est franchement et justement détesté à la campagne. Le *Vagabond* en faveur duquel Guy de Maupassant a poussé jadis un cri de pitié, et qui, paresseux et affamé, cherchant un travail introuvable « s'indigne de l'injustice du sort et trébuchant sur les pierres qui roulent sous ses pieds nus, va grognant : « Misère... misère... tas de cochons... laisser crever de faim un homme... tas de cochons... pas quat' sous.. et v'la qu'il pleut », se heurte toujours aux mêmes réponses des sédentaires qui lui refusent l'aumône : « Pourquoi ne restez-vous pas chez vous ? »

Certes, le sort de l'individu sans travail est digne de pitié et d'intérêt, malheureusement, dans les neuf dixièmes des cas, l'ouvrier sur le « trimard » est *volontairement sans travail*, c'est le « chômeur volontaire » qui vit aux dépens de la société, de mendicité et de rapines.

Je n'exagère rien. D'un livre fort documenté, je pourrais dire du livre le plus intéressant et le plus documenté qui ait été écrit sur la mendicité, *le Paris qui mendie*, de M. Louis Paulian, j'extrais ces renseignements qui fixeront tout de suite le lecteur sur le « triste sort » des sans-travail.

Il y a quelques années on offrit à 727 ouvriers sans travail une lettre leur permettant d'être immédiatement embauchés pour trois jours, avec un salaire journalier de 4 francs ; 312 acceptèrent la lettre ; 174 se rendirent à la maison de travail.

Sur ces 174, 37 réclamèrent 2 fr. au bout de la demi-journée, allèrent déjeuner et ne revinrent pas ; 68 firent une journée ; 51 travaillèrent pendant deux jours ; 18 seulement accomplirent leur tâche jusqu'au bout !

Il y a mieux.

En 1890, l'hiver fut très rigoureux et l'on aménagea divers refuges au Champ de Mars. Dans l'un d'eux, sur 700 ouvriers sans travail qui se faisaient loger, chauffer, nourrir et vêtir par l'État et des personnes charitables, 11 seulement acceptèrent du travail.

Ces mêmes jours, un peintre, M. Henri Motte, installé dans l'une des galeries, brossait d'immenses décors pour l'exposition de Moscou ; il eut besoin d'une douzaine d'hommes pour étendre ses toiles afin de juger de l'effet de ses couleurs.

Voyant à ses pieds des centaines d'individus inoccupés, il descend et demande des hommes de bonne volonté pour un travail léger. Il donnera vingt sous à chacun pour ce travail qui durera à peine deux heures. Qui veut venir ?

Personne ne répond.

L'artiste alla de groupe en groupe renouveler sa demande sans plus de succès. Enfin, sur les 5 à 600 présents, il trouva *trois* hommes qui consentirent à travailler.

Cela prouve que, selon l'idée de M. Paulian, l'aumône quelle qu'elle soit ne devrait jamais être donnée qu'en échange d'un travail, même d'un travail inutile.

Autrement, on encourage la paresse.

La question de la mendicité étant intimement liée à celle du vagabondage ; j'ai voulu, pour terminer cette enquête, enregistrer l'avis de l'homme le plus éclairé, le plus documenté, le plus renseigné sur ce délicat problème, et j'ai reçu cette remarquable lettre de

M. LOUIS PAULIAN
Chef adjoint des Secrétaires-Rédacteurs à la Chambre des députés

Vous me demandez mon opinion sur le meilleur moyen de réprimer la mendicité. Je vous réponds d'autant plus volontiers que depuis plus de vingt ans je consacre tous mes loisirs à l'étude de cette question passionnante et que je crois avoir trouvé le remède destiné à guérir le mal.

La mendicité est aussi vieille que le monde. Tous les législateurs se sont efforcés, sans succès, de sévir contre elle. Toutes les lois promulguées, toutes les ordonnances édictées ont échoué, et aujourd'hui, dans les grandes villes de France, et notamment à Paris, la mendicité est plus florissante que jamais. Pourquoi ? C'est ce *pourquoi* que vous me demandez. Eh bien, je vais vous donner mon modeste avis.

Je commence par vous dire que ma réponse ne s'applique qu'à la ville de Paris. Il est probable que la question est la même partout en France, mais enfin, comme j'ai l'habitude de ne parler que de ce que je connais bien, je répète que ma réponse s'applique à la ville de Paris.

Pourquoi y a-t-il aujourd'hui, plus de mendiants que jamais ? Par la raison bien simple que la mendicité constitue à l'heure actuelle, une véritable profession, profession d'autant plus attrayante qu'elle n'exige aucun capital, n'est soumise à aucune patente et donne toujours des bénéfices, quand elle ne conduit pas à la fortune.

J'ai moi-même, pour prouver la vérité de mes assertions, mendié à plusieurs reprises, sous toutes sortes de déguisements, dans les différentes rues de la capitale. Mes expériences, cent fois répétées, ont eu lieu par devant témoins. Divers préfets de police ont pu les contrôler et j'ai démontré qu'avec moins de mal que je ne m'en donne pour remplir mes fonctions de secrétaire-rédacteur de la Chambre des députés, je pouvais, en quelques heures, gagner beaucoup plus d'argent que le gouvernement ne m'en alloue pour analyser les discours ministériels.

Un mendiant très habile peut, à Paris, en quelques années, réaliser une jolie fortune. Dans mon *Paris qui mendie* (1) j'ai cité des noms de mendiants riches. Un mendiant simplement habile est certain de vivre grassement. Enfin un mendiant incapable ou fainéant réussira tout de même à se faire une journée supérieure à celle qu'on lui offrirait à l'atelier.

Pourquoi en est-il ainsi ?

Pour plusieurs motifs :

1° La loi qui punit la mendicité est mauvaise ;

2° Elle est mal appliquée ;

3° Nos mœurs, nos habitudes en matière de charité sont déplorables.

Je m'explique : Je dis que la loi est mauvaise. Le Code pénal (art. 274) est ainsi conçu :

« Toute personne qui aura été trouvée mendiant dans un lieu *pour lequel* il existera un établissement organisé afin d'obvier à la mendicité sera punie de 3 à 6 mois d'emprisonnement... »

Je m'arrête là et je dis : cet article est barbare, il est inhumain et il est inefficace. Cet article, tel qu'il est rédigé, constitue une véritable monstruosité doublée d'une hypocrisie. Il constitue une monstruosité, car il frappe de la même peine le coupable et l'innocent. Voici un homme qui meurt de faim. Il tend la main dans la rue et vous le punissez ! De quel droit ? Est-ce que toutes les religions, toutes les morales, tous les enseignements civiques ne disent pas qu'il faut s'aider les uns les autres ? Et vous frappez le malheureux qui vient à vous et vous dit : « Frère, je suis dans la peine, aide-moi ». Il suffit de réfléchir cinq minutes pour se convaincre que l'acte, *pour le malheureux*, de tendre la main, est un acte légal. Donc l'article qui interdit cet acte est un article qui doit disparaître du Code. J'ai dit que cet article était non seulement monstrueux, mais encore hypocrite. Il est hypocrite parce que, tel qu'il est rédigé, il semble indiquer

---

(1) Paris, Librairie Ollendorf, chaussée d'Antin.

que celui qui mendie est coupable parce qu'il mendie dans un *lieu pour lequel il existe un établissement organisé afin d'obvier à la mendicité*. Celui qui lit cet article sans réfléchir à la valeur des mots se dit : « Oui, le mendiant est coupable ; au lieu de mendier, il n'avait qu'à aller dans cet établissement organisé afin d'obvier à la mendicité ». On n'oublie qu'une chose, c'est que le Code n'ayant pas dit *où* serait créé cet établissement, il suffit au département d'Indre-et-Loire d'inscrire à son budget 200 fr. destinés au dépôt de mendicité de Beaugency pour pouvoir appliquer la loi, dans ce département.

Un vieillard infirme mendie rue Nationale, à Tours. On l'arrête et on lui dit : « Vous mendiez dans un lieu *pour lequel il existe un établissement public destiné à obvier à la mendicité*, donc vous tombez sous l'application de l'article 274 du Code pénal, donc de trois à six mois de prison. »

— Mais où est donc, dira le mendiant, ce bienheureux établissement auquel j'aurais à m'adresser ?

— Il est à Beaugency, à 87 kilom. d'ici !

Vous avouerez que pour un vieillard qui a faim l'étape serait un peu longue. Elle serait d'ailleurs inutile, car selon le mot de M. le conseiller Voisin, il est plus facile de se faire décorer que d'entrer au dépôt de mendicité.

La loi est donc mauvaise ; elle a le grand tort de ne pas définir ce qu'il faut entendre par mendier.

Tendre la main *quand on a faim et qu'on n'a pas de travail*, ce n'est pas, ce ne peut pas être un délit. Ce qui est un délit et un délit très grave, c'est de tendre la main quand on a de l'argent en poche ou quand on a la force nécessaire pour gagner son pain par son travail. Voici un petit employé, père de famille qui, après une longue journée de travail, reçoit, pour tout salaire, la modeste somme de 5 francs. Avec ces 5 francs, il faut qu'il vive lui, sa femme et ses enfants. Il rencontre un *pauvre* qui lui dit qu'il n'a pas mangé depuis deux jours. Le petit employé lui donne deux sous. Or il se trouve que ce pauvre qui n'a pas mangé depuis deux jours, possède dix, quinze, vingt mille francs. Ne voyez-vous pas que dans ce cas la mendicité constitue une véritable escroquerie ?

Il faut donc définir la mendicité. J'ai proposé la définition suivante : « La mendicité est l'acte qui consiste à demander par une manœuvre dolosive quelconque un secours dont on n'a pas besoin ou qu'on pourrait se procurer par un travail honnête. »

Vous voyez la différence. Si cette définition était acceptée, immédiatement se ferait la distinction entre le vrai malheureux et le mendiant de profession. Pour le premier, je demande toute notre pitié, pour le second, toutes les rigueurs de la loi.

J'ai dit que la loi était mal appliquée. Et comment en serait-il autrement ? Lorsque le juge voit arriver à la barre un malheureux, incapable de gagner son pain, il n'a pas le courage d'appliquer une loi qui, dans l'espèce, serait barbare ; il acquitte le mendiant et alors, la police voyant qu'on remet dans la rue les mendiants qu'elle avait arrêtés la veille, n'arrête plus personne. Si par hasard elle met la main sur un véritable professionnel de la mendicité, le Tribunal ne peut appliquer à ce misérable qu'une peine dérisoire. Moi je demande que dans ce cas, la peine soit celle qui punit l'escroquerie. Je connais des mendiants qui en demandant l'aumône, ont escroqué, sou à sou, quarante, cinquante, soixante mille francs à des passants, souvent plus malheureux qu'eux. Pour ces escrocs, je demande cinq années de prison, comme en Belgique, et j'irai même jusqu'à la confiscation des sommes ainsi accumulées.

Quand ces deux réformes auront été réalisées, la question aura déjà fait un grand pas. Restera le troisième point : la réforme de nos habitudes en matière de charité.

La plupart des personnes dites charitables, loin de faire un peu de bien, font beaucoup de mal. L'aumône faite dans la rue, l'aumône inconsciente, le sou donné à quelqu'un que vous ne connaissez pas et à qui vous donnez uniquement parce qu'il est mal habillé ou qu'il a une voix pleurnicheuse, voilà la source principale du mal. Il faut supprimer radicalement l'aumône dans la rue et aux portes des églises et la remplacer par le secours donné dans un bureau déterminé, après une enquête intelligente.

Voici vingt ans que par ma plume et ma parole, je prêche cette réforme. Quelques villes étrangères, Genève notamment, sont entrées dans la voie que j'indique.

En France, un député des plus considérables, M. Cruppi,

propose de réaliser la plupart des réformes que je viens d'analyser et que j'ai expliquées dans mon *Paris qui mendie*.

M. Cruppi donne presque une définition de la mendicité. Il déclare que la mendicité est un délit lorsque celui *qui s'y livre est apte au travail ou possède des moyens suffisants de, subsistance*.

Il réalise ainsi la distinction que je réclame entre le vrai malheureux et le mendiant professionnel. Il rend la peine plus sévère puisqu'il propose de la porter, dans certains cas, au maximum de cinq années d'emprisonnement. Enfin il oblige chaque département à avoir une maison de refuge pour recevoir les personnes valides dénuées, pour le moment, de moyens d'existence suffisants.

Que la Chambre vote cette loi et que les personnes charitables s'entendent pour substituer la charité intelligente à l'aumône aveugle et le problème sera bien prêt d'être résolu.

Le jour où la mendicité, au lieu d'être une profession lucrative et peu fatigante, sera devenue un métier qui ne nourrit plus son homme, le mendiant changera son fusil d'épaule et l'homme à la jambe de bois qui, depuis tant d'années, à Tours, devant la porte de l'hôtel de l'Univers, sollicite, parfois avec insolence, l'aumône des touristes, fera, comme nous faisons tous, il travaillera, *dans la mesure de ses forces*, et la charité *organisée* lui allouera le complément nécessaire, car, suivant le mot de La Rochefoucauld-Liancourt à la Constituante : Si celui qui existe a le droit de dire à la société : « Fais-moi vivre », la société a également le droit de lui dire : « Donne-moi ton travail ».

Cette habitude de refuser l'aumône à ceux qui nous *paraissent* dignes de pitié entrera difficilement dans nos mœurs. Il faut qu'elle y entre. C'est l'avis de M. Jacques Dhur qui écrivit une série d'articles fort documentés sur l'odieuse exploitation des enfants loués aux entrepreneurs de mendicité ; c'est aussi l'avis de M. Lucien Descaves qui, pour avoir publiquement refusé l'aumône à une gamine, dressée par une

vieille gitane à esquisser un pas obscène, se vit traiter de
« littérateur arrivé » par un journaliste mal informé — lequel
journaliste est, paraît-il, un baron authentique, fils d'une
dame d'honneur à la cour de Hollande !

M. LUCIEN DESCAVES

a, dans un récent article traitant de la question du vagabondage, indiqué l'ingénieuse et efficace application de la loi
de 1851 par un capitaine de gendarmerie de l'arrondissement de Mortagne.

« Je me suis renseigné, dit-il, sur les mesures que prenait
le capitaine Chatin, et voici ce que j'ai appris.

L'article 20 de la loi du 30 mai 1851 sur la police du rou-
lage permettant de confisquer les attelages du contrevenant
qui ne dépose pas une amende pour couvrir les frais du jugement, le capitaine Chatin a eu l'idée très simple de mettre
en vigueur cette disposition.

Il s'était livré, auparavant, à un petit calcul assez édi-
fiant.

Dans l'espace de onze mois, du 1er octobre 1906 au 31 août
1907, ses brigades ont dressé 74 contraventions contre les nomades et romanichels. Ces 74 contraventions représentent en
paperasses, brouillon et double expédition du procès-verbal
adressé au receveur de l'enregistrement, 222 pièces fournies,
sans parler du temps perdu en interrogatoires et en courses
de toutes sortes.

Il existe en France 459 arrondissements ou sections de gendarmerie. Supposez que les contraventions y aient été aussi
nombreuses que dans l'arrondissement de Mortagne : c'est
environ 100.000 procès-verbaux que la gendarmerie a dû établir en moins d'un an !

Étonnez-vous, après cela, qu'elle n'ait pas le temps de sur-
veiller les routes !

Si encore cet amas de feuilles noircies servait à quelque
chose... Mais les justices de paix ne faisant, en général, aucune démarche pour retrouver les nomades signalés, sachant
d'avance que la citation ne les touchera pas et que l'État,
finalement, en sera pour ses frais, les cent mille procès-

verbaux sont destinés à moisir dans les cartons pendant vingt ans !

Non seulement c'est inutile, mais ça tient de la place !

Le système de répression imaginé par le capitaine Chatin tin est à la fois ingénieux et bénin. Il a été expérimenté le 15 octobre dernier sur la personne, ou plutôt sur la bourse d'un roulottier, sujet belge. Le maire de Mortagne, devant lequel il fut conduit, lui fit verser une caution de vingt francs.

— Si la justice de paix vous acquitte, ils vous seront rendus ; sinon, ils serviront à payer les frais de poursuite et l'amende.

Le roulottier, après avoir versé la somme pour éviter la confiscation de sa voiture, s'emporta :

— Quand je reviendrai par ici, il fera chaud !

— C'est tout ce que nous désirons.

— Et je vais raconter mon aventure à tous les roulottiers que je rencontrerai !

— Nous allons vous en prier.

Et les gendarmes de rire, au lieu de faire rire, comme d'habitude, à leurs dépens !

Il y a bien des chances pour que le nombre des contraventions diminue dans l'arrondissement de Mortagne. »

Conclusion.

En résumé, pour arriver à supprimer les vagabonds et les mendiants, ou tout au moins à diminuer considérablement leur nombre, — la distinction préalable étant faite entre les sans-travail accidentels, qu'il convient d'assister ainsi qu'il est indiqué dans la première partie de cette étude, et les sans-travail professionnels qui doivent être punis — il faut :

1° Édicter contre les vagabonds et les mendiants professionnels des peines assez sévères pour qu'ils les redoutent ; leur infliger pour un long temps des travaux sinon forcés, du moins obligatoires ; forcer ces individus peu intéressants à gagner leur nourriture et, selon l'idée originale exposée page 27 de cette brochure, les employer autant que possible à faire économiquement pour la Société des travaux d'utilité publique ;

2° Supprimer absolument l'aumône dans la rue ou à domicile et engager les œuvres de charité privée sinon à se grouper, du moins à faire connaissance entre elles au lieu de s'ignorer systématiquement. Cette mesure logique, M. Louis Paulian la demande depuis des années avec raison. Il a démontré que si les Sociétés de bienfaisance adoptaient un système de paiement des aumônes par une caisse centrale, on ne verrait pas les mendiants abuser scandaleusement des secours mis à leur disposition. Il y a des pauvres qui touchent le vin et le pain à une caisse privée ; le lait et la viande à une seconde, leurs vêtements à une troisième, le montant de leur loyer à une quatrième, leur argent de poche à une cinquième et parfois encore, des fleurs, des permis de circulation sur les chemins de fer, des instruments de musique ou de travail, qu'ils s'empressent de vendre naturellement ! C'est ainsi que des milliers de « pauvres » vivent infiniment plus heureux que ceux qui travaillent régulièrement et auxquels leurs gains péniblement amassés ne permettent point de connaître toutes ces douceurs et tout ce bien-être.

Le premier de ces points va être en grande partie résolu par les législateurs.

M. JEAN CRUPPI

Député de la Haute-Garonne,
Ministre du Commerce

vient de déposer un projet de loi destiné à réprimer énergiquement le vagabondage et la mendicité. Il comprend 28 articles, dont voici les dispositions essentielles :

« La mendicité et le vagabondage sont interdits sur le territoire de la République ; ils constituent des délits et sont punissables sous les conditions ci-après déterminées :

Le mendiant punissable est celui qui, en quelque lieu que

ce soit, sollicite la charité dans son propre intérêt, et qui, étant apte au travail, ne justifie pas avoir fait le nécessaire pour en trouver, ou bien a refusé le travail rémunéré qui lui était offert, soit par un particulier, soit par une œuvre d'assistance publique ou privée ;

Le vagabond punissable est celui qui, n'ayant ni domicile certain, ni moyen de subsistance et n'exerçant habituellement ni métier ni profession, est apte au travail et ne justifie pas avoir fait le nécessaire pour en trouver ;

Sont assimilés aux vagabonds et punissables des mêmes peines, tous les individus qui ne tirent habituellement leur subsistance que du fait de pratiquer ou faciliter sur la voie publique l'exercice de jeux illicites ou la prostitution d'autrui ;

Si l'inculpé n'est pas apte au travail, s'il est invalide ou infirme, s'il a dépassé l'âge de soixante-cinq ans, et s'il justifie avoir fait inutilement le nécessaire pour trouver du travail, le juge de paix pourra le renvoyer au service d'assistance ou dans une maison de refuge. »

Après avoir ainsi défini le vagabondage, la proposition de loi comprend les pénalités suivantes :

« Les individus convaincus du délit de vagabondage ou de mendicité seront condamnés pour la première infraction, à un emprisonnement de six jours à trois mois ; pour la seconde à un emprisonnement de trois mois à un an ; pour la troisième à un emprisonnement de un à deux ans ; pour la quatrième à un emprisonnement de deux à trois ans ; pour la cinquième et celles qui pourront suivre, à un emprisonnement de trois à sept ans, sans que la peine, en ce dernier cas, puisse être diminuée par l'admission de circonstances atténuantes.

Les étrangers convaincus de vagabondage ou de mendicité pourront être expulsés à l'expiration de leur peine. »

En ce qui concerne les faux infirmes, la proposition stipule que le maximum des peines édictées plus haut pourra être porté au double si le coupable a simulé une plaie ou une infirmité, s'il a été accompagné d'un enfant retenu à cet effet ou s'il est entré sans permission dans une maison d'habitation ou dans un enclos en dépendant.

Enfin, M. Cruppi demande que la première condamnation

pour mendicité ou vagabondage sans circonstances aggravantes ne soit pas consignée sur le casier judicaire et n'entraine pas l'incapacité électorale.

Le second de ces points ne peut être résolu que par une éducation spéciale des gens fortunés dont la bienfaisance est odieusement exploitée au détriment des véritables pauvres, et dont l'aumône n'est que rarement donnée à bon escient.

Avec un peu de bonne volonté de part et d'autre on n'arriverait peut-être pas à supprimer tous les pauvres ; on en supprimerait beaucoup. On se débarrasserait sûrement des exploiteurs de la charité publique, et, en faisant le compte des millions gâchés sans profit pour la société et sans profit pour les véritables malheureux, on arriverait, j'imagine, à soulager efficacement ces derniers. C'est ainsi que l'extinction du paupérisme ne semblerait plus une utopie.

TABLE

TOURS. — IMPRIMERIE PAUL SALMON